पैचवर्क

जीवन की धूप-छाँव

प्रीति राजपूत

BookLeaf Publishing
India | USA | UK

Made with ❤ on the BookLeaf Publishing Platform
www.bookleafpub.in
www.bookleafpub.com

ISBN: 9789369548170

यह कविता संग्रह मेरे माता - पिता को समर्पित है जिनके समर्थन,प्रेम और प्रोत्साहन ने मुझे प्रेरित किया।

नित्य प्रेम और आभार सहित !

प्रीति राजपूत

Acknowledgment

सबसे पहले, मैं उन अनगिनत भावनाओं और क्षणों का आभार व्यक्त करती हूँ जिसने मुझे प्रेरित किया। इसी प्रेरणा की सहायता से मेरे विचारों को शब्द मिले और उन्हें मैं काग़ज़ पर उतार सकी।
अपने परिवार और मित्रों का मैं हृदय से धन्यवाद करती हूँ, जिन्होंने मुझे हर समय प्रोत्साहित किया और मेरा उत्साह बढ़ाया। मैं अपनी मित्र छाया सिंह की अत्यंत आभारी हूँ जिनके सुझावों से मेरी कविताओं की शोभा बढ़ी।
संपादक, प्रकाशक, और इस पुस्तक को साकार करने वाले सभी सहयोगियों का मैं धन्यवाद करती हूँ, जिनकी मेहनत और समर्पण से यह संग्रह आप तक पहुँच पाया है। अंत में, पाठकों का भी आभार। यह पुस्तक आप सभी को समर्पित है, जो शब्दों में छिपे भावों को महसूस करते हैं। आशा है आपको मेरा संग्रह पसंद आएगा। इस यात्रा का हिस्सा बनने और आपके सहयोग के लिए आप सभी का कोटि-कोटि धन्यवाद।

स्नेह और आभार,
प्रीति राजपूत

Preface

प्रिय पाठकों,

मैं अत्यंत खुशी और उत्साह के साथ इस कविता संग्रह को आपके समक्ष प्रस्तुत कर रही हूँ। इस संग्रह में मैने अपने अनुभवों और जीवन के अलग-अलग आयामों को शामिल करने का प्रयास किया है। आपकी आलोचना और प्रेम मेरे लिए अनमोल हैं।
मैं अपने परिवार और दोस्तों का धन्यवाद करना चाहती हूँ, जिनकी प्रेरणा और समर्थन ने मुझे इस मार्ग पर आगे बढ़ने में मदद की।
आशा है कि ये कविताएँ आपके दिलों को छुएँगी और आपको अपने जीवन के कुछ अनमोल क्षणों की याद दिलाएँगी।

धन्यवाद,
प्रीति राजपूत

सूची

I.वो स्वाधीन है

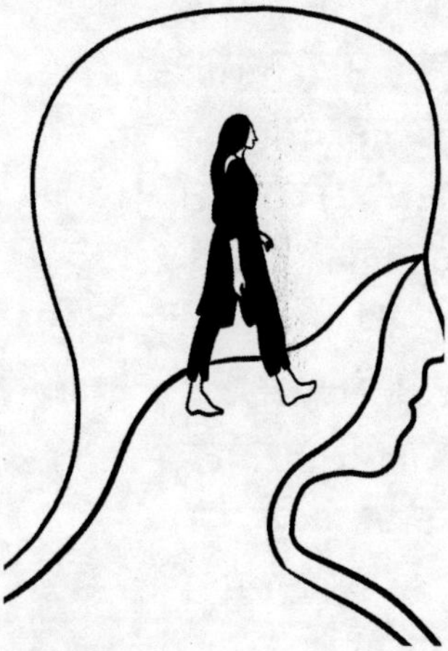

वो अकेली चलती है
निडर और सशक्त
लिए सच की ताक़त
और मौन ज्योति
वो मशाल सी जलती है!
डर और संकोच से परे
अविरल नदी सी बहती है
स्वतंत्र, तेजस्विनी व निर्भीक
आवाज़ साफ, दिल मज़बूत
निगाह उसकी सजग है
सोच सटीक और बलवती है
हाँ, वो अकेली चलती है!

कर्म से पहचान उसकी
आवाज़ से है शक्ति
जीर्ण बेड़ियाँ तोड़कर
खुद ही तराशे हैं पंख अपने
पिंजरे में क़ैद नहीं अब
अनंत आसमान में वो उड़ती है
यूँ ही नहीं वो अकेली चलती है!
सामर्थ्यवान और जीवन दायिनी
ममतामयी रही सदा से
जो खुद अपना इतिहास लिखे
गहरी रातों को नापा जिसने
सूरज उगने की प्रतीक्षा में
तूफानों से लड़ती है
हाँ, वो अकेली चलती है!
आत्मविश्वास से सराबोर
बस मंज़िल को पाना है
करे कोई संदेह या अविश्वास
ये विषय नहीं अब उसके मन का
अब नहीं प्रतीक्षा किसी अनुमोदन की
स्वयं जो सृजन करती है
वो अकेली चलती है !

सशक्त शरीर, तीव्र मस्तिष्क
जागरूक व उदार मन
ये ही सच्चे साथी हैं
जीवन पथ पर अडिग
मील का पत्थर पाने तक
तूफानों में निडर चलती है
जी हाँ, वो अकेली चलती है!

2.घर की याद

सर्द रात की बात पुरानी
घर की याद में टिकट कटानी
मुर्गा बोले पहुंचे ट्रेन
असमंजस में पड़ी,कैसे सो जाऊं ?
क्या करें यदि मंज़िल छूटे ?!
करबद्ध   की विनती सहयात्री से
"जगा देना," कहा प्रेम से
लखनऊ पहुँची खुशी से झूमी
हर गली, हर मोड़, जैसे दिल से चूमी!
छह सीटों की ऑटो में बैठी
घर जाने की आतुरता में
समझ ना पाई
अँधेरा अभी छटा नहीं था
सुबह हो गई ,दिन अभी उगा नहीं था
अंधेरी सड़कों पर फैला सन्नाटा!!!
डर जैसे   सिर चढ़ बोला था

लेकिन भीतर विचार सा कौंधा
"डटे रहो, बढ़े चलो", "डटे रहो, बढ़े चलो"
शुरू हुई बात-चीत
कौन कहाँ जाएगा
अपने मोहल्ले का सुना नाम
मनको मिला सुकून असीम !
अँधेरे में थी आस जगी
साहस जुटा डरती-डरती
खोखला आत्मविश्वास किन्तु बोली
"अरे वाह", क्या इत्तेफ़ाक़ है ?!
हमारा गंतव्य तो एक है!"
फैसला हुआ, साथ चलेंगे
किया संकेत बीच राह में
वे बोले, बेटे मुझे यहाँ है जाना
यही है मेरा ठिकाना
मैंने ध्यान से देखा
बस एक मंदिर ही देखा
कोई फरिश्ता हो जानो,
रक्षा हेतु आया हो
मैं बोली, जी अंकल शुक्रिया
आगे का सफर हो जायेगा
वे बोले मैं ऐसे नहीं जाऊंगा
तुमको घर छोड़ आऊंगा
मैं भी चुपचाप रही
घर सुरक्षित पहुँच जाउंगी

सोच चिंता को विराम दिया
बंद हुआ बातों का पिटारा
मौन रह मदद को स्वीकारा
मन कृतज्ञ भाव-विभोर हुआ
अजनबी जो था ईश्वर का स्वरूप,
आपका कोटि -कोटि धन्यवाद !

३.कुहासे का आलिंगन

ठण्ड कुछ बढ़ गयी थी
सूरज उनींदा रहने लगा
सवेरा अनमना सा कहने लगा
कड़ाके की ठण्ड है
कुहांसा छटता नहीं है !
बाहर अँधेरा छाया था
कुहासा गहराया था
जैसे हो घूँघट कोई
जिसकी शांति जादू सी
और खुशबू रजनीगंधा सी
कथानक सी रहस्यमई
किनारे बड़े धुंधले,
रेखाएं धूमिल, कुछ खोतीं सी
सपनों के आंगन में सोती सी
धरती को आलिंगन में लेता

जल थल सब ओझल होते
इसमें जैसे हों रहस्य खोते!
सूरज झांके उषा किरण से
रेशम फिसले धुंधली चादर से
हवा वज़नीली, निस्तब्ध
ढका हुआ गूढ़ तंत्र
सब सक्रिय पर शांत
गुप्त लिए गूढ़ार्थ अनंत!
कोलाहल है मद्धम सा
समय है बस सुनने का
स्वयं को, प्रकृति को
मात्र महसूस करने का
ठंडी पवन नरम परत सी
ठहराव के अनुभव सी !
भावों के धरातल पर
ये है मौन कवि मगर
असंख्य किस्सों का जन्मदाता
सुनता सबकुछ, ध्यान लगाता
सृष्टि इसका आलिंगन कर
होती इससे एकाकार !

4.राखी

राखी का त्यौहार
उसकी है पहली याद
न थी इतनी समझ
ख़ुशी से भरी उमंग मगर
लाल-पीली, हरी-नीली
गुलाबी चम-चम करती
माँ बोली, बेटा एक चुन लो
मैं बोली ये तो एक से बढ़कर एक हैं
पहन लूँ अगर ज़्यादा तो
माँ ने मुझको घूरा
बोलीं, जल्दी से एक चुनो
ये भाई का है रक्षासूत्र
बांधो उसकी कलाई में
असमंजस में मैं
विस्मित हो बोल पड़ी
और मेरी राखी ?!!

क्यों खाली हो मेरा हाथ
जब भाई शैतानी है करता
रहस्य को गुप्त रखती हूँ
माँ, मैं भी तो रक्षा करती हूँ
सबसे लड़ती फिरती हूँ
भाई को प्यार मैं करती हूँ !
पैर पटक कर बोली
माँ, देखो वो चमचम करती
बड़ी, सुन्दर चमकीली सी
इसको ही मैं बांधूंगी !
माँ कुछ असहाय थी शायद
मुझे लगाई तेज़ फटकार
मुख पर तो गुस्सा था
आँखों में आंसू थे छलके
समझ न पाई नटखट मैं
असहाय विवश भावों को
निरर्थक निष्फल नियम
बंधनों में जकड़ी
मानसिक परतंत्रता
मनोविकार सी बोझिल
और चुप सन्नाटे की आड़ में
पसरते अंधेरी निराशा को
समझ न पाई मैं अबोध
खुशियों का दम घुटता है
समताहीन समाज गहराया !

तभी एक आवाज़ आई
राखी बांधेगी लड़की ज़ात
ऐसा तो न होता है
मैं समझ गई
माँ का विचित्र व्यवहार
किया प्रण खुदसे ही मैने
स्वसपनों का उत्तरदायित्त्व
सब मेरा है माँ
तुम्हारा खुशबूदार आँचल
असीम दुलार और प्यारी थपकी
जीवन में हैं यही यथेष्ट !

5.ज़िंदगी और मैं

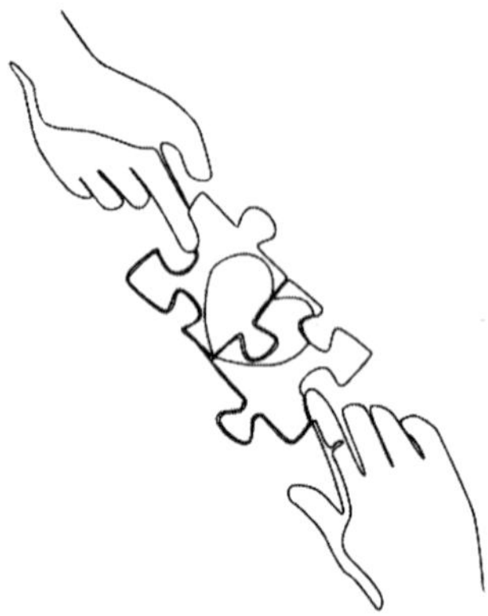

हर रोज़ एक फंदा खोलती हूँ
हर दिन कुछ टांके जोड़ती हूँ
रिश्तों की गाठें हैं ज़िंदगी की नहीं
यूँ लगता है जैसे पैच वर्क करती हूँ
कुछ सुन्दर रेशमी से धागे
रंग-बिरंगे ख़ुशी की चमक से
सपने ही सही हर दिन कुछ तो बुनती हूँ
इनकी मुस्कुराहटों के झरोखों से
हज़ारों सासें मन में फुक सी जाती हैं
आंखें नीली, दिल हरा और
मन भर सा जाता है
डूबते को तिनके का सहारा नहीं
ये धागे जीवन को हर पल जीते हैं
मन अब उधेड़-बुन नहीं करता
इससे बस मैं कुछ बनाती हूँ

छांटती हूँ, बीनती हूँ और सजाती हूँ
हर रंग रास न भी आए तो
सबकुछ मैं जीती हूँ!
बदरंग भी हों धागे तो क्या
टाँके तो इनसे भी लगाती हूँ
जो ज़िंदगी को पकड़ के रखते हैं
जैसे वो काले बादल हैं
सोचती हूँ, कभी तो बरसेंगे
वो सिल्वर लाइन तो इन्ही में दिखेगी!
आसमान काला कर डाले भले ही
मौसम का ज़रूरी रंग है ये भी
जैसे दर्द, जैसे अश्क़ या कोई आह
मुझे पता है बार-बार
कुछ समझाने आते हो मुझे
और उसके बैकग्राउंड में
फिर से कुछ फंदे खुलते हैं
कुछ टाँके लगते हैं और
ज़िंदगी आगे बढ़ जाती है!

6.अनंत आकाश

अंतहीन आकाश एक विशाल कैनवास
जिसका न कोई ओर है न छोर
कालातीत कथा आदि-अंत के मध्य
असीम रहस्यमयी और विस्तृत
जिसकी गोद में थमी है पृथ्वी
वृत्ताकार पथ की पथिक,
क्षितिज से चलते संग, ये धरती-आकाश!
चमकता है सुनहरा दिनकर
जो जीवन का भी कारक है
कण-कण, नीलगगन, धरती, सागर
जंगल-जंगल, पात-पात और फूल-फूल
को चूमती इसकी रश्मियां
कोमलता से बुनते बादल
गरज-गरज रिमझिम बरसात
कड़कती बिजली भी लाती सौगात!
रातें सितारों की चादर ओढ़े
सुसज्जित, तारामंडल के गहनों से

चाँद मानो माथे का फूल
चंदामामा या प्रियतम जो गया भूल
या फिर है गूढ़ प्रेम का साक्षी
चांदनी की ओट और विस्तार में!
दिन भर दमके प्रखर सूर्य
सोने सी चादर चढ़ जाये
कण - कण उज्जवल हो जाये
मेघ उमड़ते मानों सफेद कश्तियां
वर्षा लाते जैसे नाचे मोर
गरजते-बरसते , रंगो से दमकते
प्रकृति बन जाती झांकी
पंछी अबद्ध पंख पसारे
कोलाहल है सुन्दर गान
उड़ान मानो हो सुर-तान,
सबकुछ इसका इसमें ही है!
आकाश में सर्वस्व समाया
सपने सी उड़ान है भरता
चित्रित करता विस्तार की चाह
आकाश है भीतर भी
और बाहर भी बस है आकाश
मौन, पर चीख- चीख सन्देश सुनाता
जो मैने सबकुछ थामा प्यार से
रह जाओ मिलजुल संसार में
संजो युगों-युगों की कथाएं
मैने अबतक समेट रखी हैं
और बनाओ सुन्दर नवीन कुछ
प्रण करता हूँ संभाल लूंगा वो भी मैं

ठहर जाओ पल भर
मंथन कर, पीछे देख
सोच समझ कर आगे बढ़
मैं कान लगाकर बैठा हूँ
सुनने निर्णय की आवाज़ को
चल पल भर मैं भी रुक जाता हूँ
इस नवयुग की प्रतीक्षा में!

7.कृष्ण से साक्षात्कार

सर्वप्रथम साक्षात्कार था शायद
सपना या एक विचार था शायद
जब मैंने तुम्हे पहली बार देखा
लम्बे, ऊँचे आकाश को छूते
सांवला सा था रंग तुम्हारा
खालिस श्याम जिससे चित्रकार भी हारा!
काली कोरें लम्बी झपकती पलकें
सुन्दर गुलाबी मुस्कुराती आँखें
तुम्हारे कपड़ों का रंग ठीक से याद नहीं
शायद सपने में दिखा नहीं
या नन्ही उम्र थी याद नहीं
कितनी ये तो पता नहीं
हाँ, स्मृति जीवंत है
तुम्हारी सुडौल सुगठित उँगलियों के बीच

एक सुन्दर लम्बी सी बांसुरी थी
बांसुरी में तुम हवा तो फूंक रहे थे
पर सुर सुनाई नहीं दिए!
उम्र कुछ १६ वर्ष लगती थी
शांत मुख शीतल अति दर्शनीय
तुम आकाश से ऊँचे थे
और मैं छोटी सी बच्ची
सर ऊपर कर, बस तुम्हें निहारा
तभी तुम्हारा मोर पंख
मेरे पास आ गिरा
दशकों पहले देखा सपना
जैसे हो कल की बात
ख़ुशी से आंखें नम हैं
क्या बतलाने आए थे?
प्रश्न अभी तक खड़ा निस्तब्ध
निरुत्तर प्रतिपल खोज में !

8.निराकार

अमूर्त और निराकार
अथाह गहरा
गूढ़ प्रतीति
जितना जानों उतना जटिल
संजोये मिश्रित भाव
सुन्दर एहसास अवर्णित !
ब्रह्माण्ड में
चुंबकीय शक्ति
दो सत्त्व के बीच
सब संभव अस्तित्त्वपूर्ण
जैसे एक द्रव्य
जैसे रक्तरस
पोषित शरीर
चलते अंग कल-पुर्ज़े

शक्ति एक द्रव्य
द्रव्य ही शक्ति
उदित ब्रह्माण्ड
अंतहीन विस्ताररत !

९.दिल और संघर्ष

दिल टूटा है
या है कोई संघर्ष
अकुलाए हो क्या
ज़िंदगी की कक्षा है
कठिन पाठ पढ़ाती है !
सोचो ऐसा क्यों हुआ
सोचो इसमें क्या छुपा है
जो तुमने समझा नहीं
ऐसा कुछ जो बार-बार
होता है जैसे नासूर
झुंझलाते हो शायद
कोसते हो शायद

क्या है मेरी किस्मत में
जो कमबख़्त ये पीछा नहीं छोड़ता?
तत्क्षण सोचा क्या
महसूस हुआ क्या
कदाचित पुनरावृत्ति हो
प्रकृति का सन्देश हो
विचार कोई जो मुखर हुआ
या एहसास कोई दबा हुआ
चुनौतीपूर्ण है शायद
भिड़ंत निर्णायक हो शायद
जब तक ये करोगे नहीं
आगे बढ़ोगे नहीं
जीवन का पाठ
जीवन का उद्देश्य है !
चुभते भी हों ये टुकड़े
कृतज्ञ हो चला - चल
अब आगे बढ़ो
दर्द का क़ाफ़िला न बनाओ
इसे विराम दो !
दिल दुखता है तो दुखने दो
हर आंसू बह जाने दो,
ये सारे ही मोती हैं
जो गहराई में डूबे थे
जो दर्द को हल्का करते हैं
इसलिए दर्द का बोझ मत उठाओ

इसे एक पुल बनाओ—
जहां से गुज़र कर
तुम अपनी दुनिया पजाओगे
टूट भी जाओ
पर बिखरना नहीं
यह मौका है
खुद को पुनः जोड़ने का
तो लो एक गहरी सांस
जो हर ले हर ठेस
मुक्त करो हर फ़ांस
एड़ी-चोटी का ज़ोर लगाओ
धरती आकाश एक कर डालो
घावों पर कोई मलहम लगाए
ना करो प्रतीक्षा
क्योंकि उससे दर्द नहीं जाएगा
तुम्हारा अपना अक्स
जो तुम्हारा साथ चाहता है
उससे बात करो
ना ढूंढ सको उसको
तो उठाओ आइना और देखो
पूछो, कैसे हो?
आँखों ने क्या कहा
तुम तभी समझ जाओगे
चर्चा को जारी रखो
इस सफर में रम जाओगे

पथ प्रदर्शित हो जाएगा
ले जाएगा तुमको
मंज़िल के पार
मिल जायेंगे वो साथी
तुम्हारे सफर में
कर्म बद्‌ध और धर्म-परायण
इसलिए विनती है तुमसे
हार मत मानो
उम्मीद को ना टूटने दो
हर याद एक पन्ना है—
जो तुम्हारी कहानी का हिस्सा है
उसे जलने मत दो
संभाल लो इसको तुम
क्योंकि यही वो सबक़ है
जो तुम्हें जागरूक बनाएंगा
यह अंधेरा अनायास नहीं
पर ये तुम्हारे सूरज को छीन नहीं सकता
भीतर जल रही जो चिंगारी है
उस पर ज़रा ध्यान लगाओ
इसमें आग लगा दो
अब तक इसने तुम्हें जलाया
अब तुम इसे जलाओ रोशनी के लिए
धधकने दो उस शक्ति के लिए
दर्द और तकलीफ़ की ज़मीन

सच्चाई से जोड़े रखती है
जो तुम्हारी ताक़त है
कमज़ोर नहीं पड़ने देना
ये अंत नहीं है
बल्कि– नई ऊर्जा का आग़ाज़ है
जो तुम्हारे भीतर छुपी हुई
सब जागृत हो जाएगी
तो रो लो, हंस लो
पर आगे बढ़ो
ज़िंदगी तुम्हारा इंतज़ार नहीं करेगी
मगर तुम चले तो
वो भी साथ-साथ चलेगी !

10.रंग और कैनवास

मन है आतुर
कुछ पेंट करने को
कुछ भी, पेड़, बगीचा
या फिर बस आकाश में उड़ता पंछी !
कुछ भी जो मन को भाए
आँखों में बस छा जाए
सांसों में बस मिल जाए
जल में जैसे रंग
जो तुम्हें अकेला महसूस न होने दे
कला में डूबा अद्भुत संसार
जो ओत-प्रोत है
भावनाओं से
हर रेखा, हर रंग हर छाया
कथाकार हैं

रंगों का ये खेल
वाह! ऐसा ताल-मेल
जो मन को बांध ले
आँखें एकटक रम जायें
मस्तिष्क भी लीन हो जाए,
एकाग्र वो भी ख़ुशी-ख़ुशी !!!
जैसे कि यही ज़िंदगी है
जैसे-जैसे रंग भरते हैं
वैसे-वैसे मन भरता है
हँसी की लकीर जादुई है
मन डूबा है इन चमकीले रंगों में!

11.गंगासागर

गंगासागर
जहां गंगा सागर से मिलती है
विलीन जहाँ उसका अस्तित्व
मैं इसे अंत नहीं कहूँगी
गंगा की नई यात्रा
नई शुरुआत कहूँगी
जो सिंधु अनंत का है आरंभ!
नीर छलकता, लहरें मिलकर गातीं
भारी-भरकम भार लिए
मन-भाई दिशा में बहती हैं
जब तक कोई तूफ़ान ना आये
असीम सी अनुकम्पा दिखती हैं!

इस तट जब सूरज उगता
जल-थल और आकाश
आकाश में उड़ते पक्षी भी
मनमोहक हो जाता सब कुछ
लहरों में चमके दिनकर
दिव्यता का एहसास लिए
हर लहर की एक कहानी
आस्था, भक्ति, और विश्वास लिए
युगों-युगों से तट का मेला
श्रद्धा का प्रवाह लिए!
सत्य-वचन, अध्यात्म का दर्शन
डुबकी लगा पाप मुक्त हो
शायद परम आत्मा का संकेत
उस विवश मानव को
जो पाप का भागी है
अपराध बोध से दबा हुआ
जो व्याकुल और शरणागत है
उसको भी है धैर्य धराने
ये बताने, कर सकते हो अर्पित
अपनी पीड़ा, विवशता और अपराधबोध भी
मुक्त हो सकते हो तुम भी
यदि धर्म-परायण राह चलो तुम
महसूस कर सकते हो फिर से तुम
आत्मा की शीतलता को !

यहां सागर भी है ध्यान-मग्न
खुद में समाया, गहरा और शांत
गंगा की धारा है सागर की ममता
एक पिता की तरह
तट के पेड़ों की छाँव
प्रकृति की गोद में बसा सुकून
मानवता को है एक उपहार
समझो लहरें देती हैं संदेश
एकता, शांति से परिपूर्ण हो परिवेश!

12.राजनीति

राजनीति के गलियारे में
होती है खुसुर -फुसुर
जहाँ बीज बोते हैं
संपूर्ण राष्ट्र की नब्ज़ के
ये कला है
सपनों और योजनाओं की
अभी तक साँस लेती
चमकीली उम्मीदों की
या फिर खंडित भंग हुई
आशाओं और विश्वास की
कभी इसकी थी भूमिका
भद्रता और सरपरस्ती की
दुर्बल के संरक्षक की
और सबके उत्थान की
अब ये लड़खड़ाती है

एक उलझन सी!
एक कहानी टूटेपन की
बेशर्मी और चीत्कार की
लालच से सिली जेबों की
सुर्खी है क्रूर, रूखे और कठोर की!
अनावृत घावों के दर्द से
करहाती धरती
नेताओं के तक़रार की
युद्ध के उत्पात की
अकल्पनीय मूल्य और दर्द की
सीमाओं के असम्मान की
इंसानियत के बिखरने की
जहाँ जीवन एक वस्तु है
 स्वयं कहानी बनता है
सहनशील सी धरती पर
सौहार्द्र के बाग़ में
नफरतों के बीज बोने की!
जिसकी हवा भोपाल कांड से ज़हरीली है
टूटे वादों के बीच सनसनीखेज़ रहस्य
खतरे और अनजान से डर की
रोटी कपड़ा, मकान के इंतज़ार की
और बनकर मिट जाने की!
अविरल नदी से बहते निष्फल धन की
दूर तक फैली गहरी जड़ों वाली ज़मीन
जिसपर अन्याय की फसल कटती है

फिर भी मन में टिमटिमाती है
एक सूक्ष्म रोशनी
जो उम्मीदों को जोड़ दे
कालचक्र को मोड़ दे
शोक और भय से आकुल
इस विश्व को एक नया छोर दे
अनन्यायपूर्ण अनुचित को संशोधित कर
शांति और इंसाफ को स्थापित कर
समय के कुचले विश्वास पुनः सुदृढ़ हो जायें
राजनीति है पृष्ठभूमि
मौन शक्ति, विश्व संगठन की
जो विश्व को रूपांतरित कर दे
यह प्रकाश पुंज भी है
सर्वजन आशा का
संभल जाओ न देर हुई
विश्व की काया कल्प करो
करदो निष्कलंक इस तंत्र को अब तो
व्याकुल धरती सिसक रही जो
फिर से उसका उत्थान करो!

13.बरगद का पेड़

आकाश तले खड़ा है
जाने कब से !
मैने जबसे होश संभाला
ये यहीं है, विशाल प्राचीन बरगद
मीलों तक फैलीं शाखाएं
उन शाखाओं के अगणित पेड़
इतना घना और विशाल
मानो आकाश झुका हो धरती पर
और कर दी हो उसने छांव !
हरी चादर, घनी और चौड़ी सी
जिसकी गोद में रहते अनेक जीव
चिड़ियां गातीं, कीट पतंगे, सबका मेला
बंदर झूले डालों पर
गिलहरियां फुदकती फिरती

उसके नीचे पलता जीवन
उसकी सांस फूंके हवा में प्राण
हर पत्ता सुन्दर,चमकदार
जीवन से भरा-भरा !
ठंडी मृदा सा उर्वर जीवन चारो ओर
हर कण में जीवन का रस दिखता है
उसकी जड़ें धरती को कसकर थामे
इतना मज़बूत कि सब सह जाये
हवा में लहर, एक शीतल एहसास
मन को शांति, दिल को विश्वास
पेड़ नहीं वरदान सा है ये बरगद
एक बूढ़े बाबा की तरह
जो बस आंगन में बैठे-बैठे
कुटुंब संभाल के रखते हैं
लम्बी गहरी जड़ों की तरह
जिनकी छाया में रहते महफ़ूज़
सदियों की कथा सुनाते
कुछ वैसे ही ये बरगद है
सुकून और जीवन से भरा
समय का साक्षी, सबका सहगामी
शाखाएं जैसे जीवन का आशीर्वाद
भूत, भविष्य और वर्तमान का संवाद !!

14.कैसे-कैसे दिन

महकती खुशबू सी बहार के दिन
मज़े-मज़े की गर्माहट में
खुशगवार से दिन
न गुफ़्तगू न इक़रार के दिन
ज़हन को क़ैद करने
और मन के न मचलने के दिन
गुमसुम, बेकरार से दिन
समय की चादर में लिपटे
खर्च होते ये दिन
गुज़रता एक-एक
जैसे एक सांस से दिन
मन और आँखों में भरे
सीले हुए ख्वाबों से दिन
सुरूर-ए-नज़र छुपाते
मोड़ते मुँह, छुपाते मुस्कान के दिन
वो कांपती आवाज़ से

किये इंतज़ार के दिन
तुम्हारे और हमारे ये एकाकी से दिन
सदा के लिए न हमारे हैं
और न तुम्हारे हैं ये दिन
कभी हम न होंगे
कभी तुम न होगे किसी दिन
चलो न बढ़ें
उलट दें ये दिन
सुनें दिल को हर दिन
शब्दों में जान फूंकने के दिन
बनाने बरसते से सावन के दिन
नई चाह और नई राह के दिन
हमारे उद्देश्य और तुम्हारी मंज़िलों के दिन
भले कठिन हों संघर्ष के भरे दिन
बारिश की बूंदों से थिरकते से दिन
किसी की मुस्कराहट में
जगमगाने के दिन
ज़िंदगी को जीते क़दम-क़दम से दिन !

15.ईश्वर

नन्ही सी लड़की
की नज़र से देखा
भगवान को इंसान सा पाया
सोते-जागते जिनका नाम लेते
मम्मी रोज़ उन्हें याद करतीं
दिया जलाएं या अगरबत्ती
और करतीं फिर मंत्र जाप !
उलझन पड़ गई
ईश्वर की खोज में लग गई
इंतज़ार कठिन, खोज मुश्किल
भगवान् से न हो पाई भेंट
दादी से सुनी कई कथाएं
मम्मी कहती वो मन में हैं
उलझन और गहराई उसकी
सोचे लेकिन मन में क्या?

भगवान कोई एहसास हैं?
पर कौन सा एहसास?
वो भटकती रही
कौतूहल में उलझती गई
हर तिनके और प्राणी में
उनकी तलाश में फिरती
याद एक वृद्‌ध साधू की
पहनी जिसने सफ़ेद धोती थी
श्याम रंग, जटा बंधी
चमकती आँखों में मोटा काजल
हाथ में लाठी, छवि तेजमय
सबसे कुछ अलग लगा
कहीं यही ईश्वर तो नहीं!
फिर भी वो रुकी नहीं
और पूछती खुदसे
ईश्वर क्या है? कैसे दिखते हैं?
खोजे उसने हर पल
कभी खिलते गुलाब में
या घने पेड़ की छाँव में !
अब खोज अंतर्मुखी हुई
ध्यान लगाया तो पाया,
भगवान हमारे अंदर हैं !!!
अब लगता है मानो
भगवान को नहीं
खुदको खोज रही थी

जो आज भी जारी है
जितना जानो उतना ही
स्वयं को पाती अज्ञानी है
प्रयास मात्र है उसका बस
लगता ये अंतहीन सफर है!

१6.नास्टैल्जिया

नामी विश्वविद्यालय
जहा हज़ारों सूरज उगते हैं
सपने जागते, राहें चलती हैं
मेरा कैंपस, एक अद्भुत संसार
जहाँ अरण्य और बाग मिलते हैं
 संजोये हुए सौंदर्य प्रचुर !
सुबह नींद खुली
 रस्ते नापने को चली
सड़कें, गहरी काली, सुन्दर
प्रकृति में चिन्हित हो रेखा जैसे !
सड़क के दोनों ओर
पीले फूलों से लदे
अमलतास के पेड़
खालिस दमकते फूल

और उनकी पंखुड़ियाँ
रात भर झड़के बनाई
दोनों ओर फूलों की शैया
याद है वो मनमोहक
आकर्षक हो जैसे स्वर्ग का द्वार !
पथरीली अरावली पर
शहर सा कृत्रिम
घने सुन्दर वन
प्रकृति और मानवीय सृजन
का मिलता सुन्दर तालमेल!

17. सुहाना सफ़र

मन चाहता है धरती के संग झूमने को
नई सी राहों पर मदमस्त घूमने को
इन राहों में जब चल पड़े
सपने भी घर से निकल पड़े
इनके उपेक्षित रंग पर
इस उम्मीद में, शायद मेरी पड़े नज़र

मैं जानती हूँ ये छोटा सही
कुछ ही दिन या पलभर सही
क्षण भंगुर सा शायद
भले तुच्छ साधारण हो शायद
इसे मनाती हूँ उत्सव की तरह
जीती हूँ एक ज़िंदगी की तरह !

सच ! इसका लुत्फ़ बड़ा है
सफर जितने,उतने ही जीवन हैं,

नदियों का संग, पहाड़ों की खुशबू
मानों फूलों का बागीचा हूबहू
ये रास्ते सिखाते जीने के नए ढंग
हर मोड़ पे होती नई उमंग ही उमंग !

कहीं सूरज उगता हो जैसे सोना
कहीं चाँदनी बरसे जैसे सपना
रेत के टीले हों या बागीचे हरे-भरे
चिड़ियों के हो गीत सुहाने
कल-कल बहती नदियाँ नहरें
या हो उनके मात्र मुहाने !

सफ़र है एक जादू
खुशियों के नन्हें -नन्हें टापू
जीवन को सजाते नगीनों की तरह
प्रकृति को जैसे पुष्प -भ्रमर
ख़ुशी मिलती है इन राहों पर
अर्जित होता संतोष इन्हीं पे चलकर !

18.खुशियों की पुड़िया

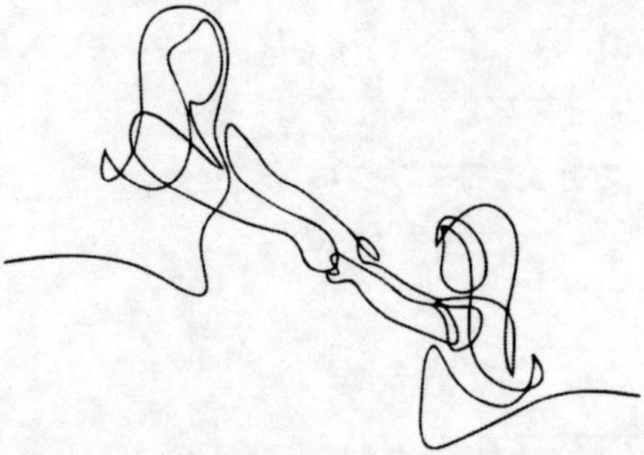

बिटिया रानी बड़ी सयानी
नन्ही बेमिसाल, करती मनमानी
आँखों का तारा
या सारा जहाँ हमारा
तुम हो कोई परी रूहानी !

वो पहला स्पर्श तुम्हारा
ख़ास एहसास निराला
पंखुड़ी सा कोमल
या नूतन हो कोंपल !
खुशियों की तुम अविरल धारा!

वो पहली मुस्कान तुम्हारी
जैसे कोई हो फुलवारी
किलकारी वो मधुर तुम्हारी
भरी पूरी है निधि हमारी
खुशियों का खज़ाना हो चमत्कारी !

डगमग-डगमग क़दम तुम्हारे
चलते हो जैसे ज़मीन पर तारे
चिड़िया जैसे फुदक-फुदक
नील गगन में दमक-दमक
गिर-पड़ कर या बांह सहारे!

कौतूहल का तुम हो भण्डार
प्रश्न पूछती हरदम भरमार
अभिव्यक्ति पारदर्शी एवं स्पष्ट
सहज सोच भले हो स्थिति क्लिष्ट
रूप-गढ़ित करे सभी विचार!

ऊर्जा जैसे कोई खिलौना
मुश्किल बड़ा उसे फुसलाना
रमी रहती खेल-खेल में
चहकती फिरती घर भर में
खुशियों की पुड़िया करे खेल मनमाना !

19.प्यार

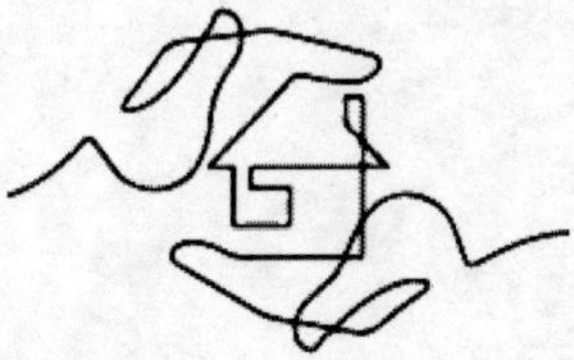

प्यार इबादत है
खालिस, सच्चा, पावन
विडम्बना ये है
कि ये सटीक नहीं
ये सबका है और सबकुछ है
मन की गहराई
में उतरा अक्स
उसमें डूबी कुछ यादें
किसी का साथ
किसी का शौक़
या किसी का सफर
तो किसी की मंज़िल
ये रात का चाँद
और दिन का सूरज
संध्या वंदन, प्रभात का ध्यान
वसंत के रंग

फूलों की सुगंध
शीत की ठंड
ग्रीष्म का ताप
जल की मिठास भी
ये पतझड़ है
और झड़े पत्ते भी
वो ज़मीन भी
जिसपर ये गिरते हैं
वो बयार भी
जिसमे ये उड़ते हैं
गीत भी राग भी
चाँद भी चांदनी भी
सूर्य भी उसकी लालिमा भी
सावन का कोलाहल
बरसात की मादकता भी
कोयल की कूक पपीहे की टेर भी
हंसी भी आंसू भी
ग़म की स्याही भी
ख़ुशी की बहार भी
इस ब्रह्माण्ड में
खिलते तारे भी
जोड़ती अदृश्य डोर भी
उसके बीच की शक्ति भी
क्या है जो प्यार नहीं ?
ये स्वार्थ नहीं

नफरत और क्रोध नहीं
भय नहीं लोभ नहीं
ये युद्ध नहीं व्यापार नहीं
प्रेम क्षमा है
रौशनी है, उसकी चमक भी
दर्द का मलहम
कर्म का ज्ञान भी
ये सत्य है उसकी शक्ति भी
बंधन भी उसकी डोर भी
ईश्वर भी प्रेम है
उसकी भक्ति भी
प्यार एक नेमत है
हर हाल में इबादत है !

20.बसंत की सरगम

बसंत चुपके-चुपके आया
कड़क ठण्ड से राहत लाया
हवा हुई कुछ कम बर्फीली
आह, कपड़ों की परतें घटीं !

मोहक वसंत सा राग
सूरज के सोने में लिपटी
धरती लेती गहरी सांस
पाकर पुनः नई आस !

रंग-बिरंगे फूल खिले
पुष्प सुगंध में सब सरमाया ,
हवा में गूंजे कोमल गान
सुर हुए   कुछ और सुरीले!

खेत लहराएं, लबालब समंदर से
आज़ाद पक्षी तस्वीर है प्यारी

तितलियों की छटा निराली
मुक्त हुई वो सर्द व्यथा से!

हरितिमा सी धरती चहुँ ओर
गुलाब जूही हरसिंगार
जीवन-आस हो तुम भ्रमर
कोंपल विभोर है पोर-पोर !

जैसे स्वर्ग उतरा हो धरती पर
कण - कण में प्राण फूँक
बसंत के आलम्बन को उत्सुक
ओ बसंत तुम हो क्षणभगुंर !

21. जोजो

गर्माहट क़ैद थी
नज़र और ज़बान के बीच
बोझिल दिल और जज़्बात के बीच
समय और क्रूर शीत के बीच
रिश्तों और धागों के बीच
सुन्दर से घर, गहरे अनजान अंधेरों के बीच
गुज़र रहा था जीवन
यंत्रवत और उदासीन
समय ने करवट ली
जब जोजो का हुआ आगमन
ख़ुशी में डूबा सबका मन !
थी वो बस एक माह की
टैडपोल सी थी लगती
काली सफ़ेद और कत्थई
नटखट शैतान कुछ नकचढ़ी

सबका दिल उसने भरमाया
हिमखंडों को जैसे पिघलाया
व्यस्त जीवन से जन - जन को खींचा
जोजो से खेलें सबकी चाह !
जो तार उलझे सुलझ गए
सघन गूढ़ भाव पिघल गए
दिलों के तार बज उठे
नज़रें बोलने लगीं
अँधेरे छट गए
शीत उन्मूलित हुई
वात्सल्य का उन्माद हुआ
खुशनुमा माहौल हुआ
लोग ज़्यादा मुस्कुराने लगे
ज़्यादा ही कुछ बतियाने लगे !
जब भी कोई घर वापस आता
जोजो के स्वागत से विभोर हो जाता
मुस्कान से सब परिपूर्ण हो जाए
चाहे दिन हो जितना भी खोटा
दिन थका हो और मन उदास
उसकी हरकत मिटाए हर दर्द और ताप!